APPEL

A l'Europe Monarchique

PAR

LES FIDÈLES DÉFENSEURS

DES ANTIQUES LOIS DE L'ESPAGNE

ET DES DROITS SACRÉS

DE SA MAJESTÉ CHARLES V.

TRADUIT DE L'ESPAGNOL.

Paris.

IMPRIMERIE DE DEZAUCHE,
RUE DU FAUBOURG-MONTMARTRE, N° 11.

1834.

APPEL

A L'EUROPE MONARCHIQUE

PAR

LES FIDÈLES DÉFENSEURS DES ANTIQUES LOIS DE L'ESPAGNE

ET DES DROITS SACRÉS

DE SA MAJESTÉ CHARLES V.

Sommes-nous des rebelles, comme le disent les hommes de révolution? Avons-nous levé l'étendard de la révolte pour faire triompher un fanatisme cruel, ou bien faut-il nous regarder comme des sujets loyaux et fidèles, résolus à verser jusqu'à la dernière goutte de leur sang pour la défense de la religion, des lois de la monarchie, et par conséquent la première de toutes, la loi d'hérédité?

Que s'est-il donc passé en Espagne?

Le roi Ferdinand VII, faible et souffrant, en butte à des suggestions perfides, se laisse entraîner à révoquer, de sa seule autorité, en faveur d'un enfant encore au berceau, la loi que l'Europe a reconnue comme fondamentale pour la succession à la couronne d'Espagne; il investit sa fille de droits qui ne lui appartiennent que pour les transmettre à son descendant mâle et selon la ligne de primogéniture ; il viole tous les droits, ceux de la nation, qu'il livre à toutes les incertitudes et les horreurs des guerres civiles ; il souffle sur elle le vertige des révolutions. Sa maladie s'aggrave, et dans sa longue agonie Dieu lui envoie une inspiration bienfaisante : il révoque cet acte insensé. Mais bientôt, négligeant cet avertissement du ciel, se croyant au-dessus du danger, et comme délivré de tout remords, il sacrifie de nouveau aux désirs ambitieux d'une femme l'avenir de la royauté et la prospérité de ses états.

En vain l'Europe proteste, en vain l'Espagne tout entière s'ébranle jusqu'en ses fondemens et supplie ce monarque, déjà châtié par les révolutions, de ne pas emporter avec lui dans la tombe l'espoir de la patrie, et, nouveau Samson, d'abîmer en mourant ce vaste édifice, ouvrage des siècles. La fidèle Espagne, affligée, en appela-t-elle alors à l'esprit de révolte des volontés anarchiques de son souverain légitime, séduit par l'artifice de quelques courtisans ? Non. Ferdinand VII mourut sans avoir entendu autre chose que les représentations énergiques de ses plus sincères amis.

Et ce prince que nous reconnaissons aujourd'hui comme l'héritier légitime et notre légitime souverain, ce prince respecté à cause de son caractère et des qualités vraiment royales qui le distinguent, le vit-on, lui si puissant par ses vertus, si influent sur la partie la plus éclairée et la plus nombreuse de la nation, le vit-on se mettre à la tête d'un parti, provoquer des résistances qui n'attendaient qu'un signal? Non; il consent à s'éloigner pour donner, comme premier sujet de la monarchie, l'exemple de l'obéissance à tous les autres; il s'éloigne, mais en protestant avec respect et en annonçant que jamais il n'abandonnera aucun de ses droits.

A peine Ferdinand VII était-il descendu dans la tombe que nous avons vu appeler à la tête des affaires des hommes timides pour la plupart, qui obéissaient aux suggestions de l'épouse coupable dont les ambitieux conseils ont causé tous nos maux. Ces hommes, à peine entrés dans les voies de la réforme, ont bientôt été remplacés par d'autres plus hardis, qui n'étaient eux-mêmes que les précurseurs des révolutionnaires, de ceux-là mêmes qui enfermèrent Ferdinand VII à Cadix et livrèrent l'Espagne à toutes les doctrines impies et perturbatrices.

L'esprit de révolution, si heureusement étouffé en 1823, reparut sous l'égide de cette régence usurpatrice. Les événemens désastreux de juillet 1830, en France, en livrant les rênes du gouvernement à un prince dont le père avait condamné le martyr Louis XVI à mort, fournirent un point d'appui à la prétendue régente et à ses adhérens. Il y eut une coalition entre ces deux trônes privés de leurs légitimes possesseurs. Abandonnée à elle-même, la régence établie à Madrid aurait été étouffée à l'instant, ou bien par un mouvement spontané du pays, ou bien par la fougue révolutionnaire. Mais Louis-Philippe d'Orléans prodigua les secours et les conseils à cette naissante usurpation. Rien ne fut négligé pour maintenir nominalement, dans la capitale du royaume ébranlé, ce simulacre d'autorité. L'armée, dont les chefs avaient depuis long-temps été préparés à ce changement, l'armée fut facilement entraînée à soutenir cette cause impie. On désarma les sujets fidèles; on arma les révolutionnaires; des noms proscrits par l'indignation publique reparurent; les geôliers de Ferdinand VII devinrent les défenseurs de la régente. Dieu a réservé à cette femme insensée le supplice d'avoir autant à craindre de ses amis que de ses ennemis.

Les novateurs se mirent à l'œuvre; toutes les institutions protectrices de nos libertés furent menacées à la fois au nom d'un despotisme nouveau qu'on appelle la centralisation. Les provinces se virent menacées de perdre leurs priviléges pour être soumises à l'unité et à l'égalité que quelques révolutionnaires ont arrêtées dans leur esprit. Le royaume perdait ainsi les droits spéciaux qui font sa force, ces droits dont la précieuse possession fait de chaque citoyen des provinces, un surveillant et un gardien toujours prêt à s'armer et à mourir pour les défendre. Qu'ils viennent, ces amis prétendus de la liberté, apprendre au milieu de nous ce que c'est que la véritable indépendance, la véritable liberté. Chez nous, la liberté ne consiste pas dans un bavardage insipide, dans des adages arbitraires, tracés aujourd'hui sur le papier et qu'on efface demain, véritable ouvrage de Pénélope, que la main des partis fait et défait sans cesse. Notre liberté est l'ouvrage de nos pères, ils l'ont maintenue avec fidélité sous l'égide protectrice de la religion et de la couronne. La religion qui nous apprend ce qui est bien et ce qui est mal; la religion qui, par une pratique constante, a placé dans notre cœur l'amour de Dieu et la foi dans sa sagesse éternelle, en même temps que la vénération pour les légitimes souverains que la puissance divine a placés au-dessus de nous pour nous gouverner selon nos lois, coutumes et priviléges. Obéissance, non pas aveugle, mais raisonnable, qui ne reconnaît pas la révolte pour contre-poids, mais qui puise dans les préceptes de la religion et dans l'assurance que donne la justice, le courage et la résolution nécessaires pour triompher de tous les obstacles et garder intacte notre indépendance qui est notre patrimoine antique et respecté.

Et s'imagine-t-on que notre roi et seigneur don Carlos soit l'objet de notre préférence et de notre amour, uniquement à cause de ses vertus et de ses éminentes qualités royales? Non! quelque vénération que nous inspire son caractère privé, ce n'est pas pour cela que nous crions vive don Carlos!

Don Carlos est pour nous le représentant de la monarchie, c'est la loi vivante et incarnée, c'est la personnification de ce beau royaume, le défenseur de la religion, le protecteur de notre liberté ; en un mot, l'Espagne a besoin de don Carlos pour être heureuse, pour recouvrer sa prospérité. Il est la clé de la voûte de notre bel édifice. Nous prenons Dieu à témoin que nous ne voyons en lui que ce que tout Espagnol fidèle doit y voir, le successeur légitime de Ferdinand VII, non pas le roi de nos caprices et de nos volontés, mais un prince appelé par la loi de nos pères à s'asseoir sur son trône immuable, qui respecte et fait respecter la justice, garde avec notre concours ce vaste ensemble d'institutions qui ont formé notre caractère national, inspiré le pur patriotisme qui nous anime, et cette loyauté constante, ce courage inébranlable du chrétien qui adore Dieu, pratique sa sainte religion, aime son souverain et défend son pays.

Après une usurpation aussi flagrante que celle de Marie-Christine, quel motif aurait pu nous empêcher de prendre les armes pour la défense des droits de la nation ? Don Carlos, notre roi légitime, était en Portugal, on ne pouvait donc faire rejaillir sur lui l'initiative de notre ferme résolution de combattre pour le rétablissement de la loi d'hérédité, et pour arrêter les conséquences désastreuses de ce premier attentat. Nous avions espéré d'abord que la convocation des assemblées de la nation, consultée dans tous ses élémens divers, suffirait pour ramener, sans effusion de sang, dans la voie régulière, le gouvernement qui s'égarait. Mais, au lieu de nos cortès nationales, on ne nous a parlé que d'une assemblée révolutionnaire, et ce que nous avons vu depuis prouve que nous ne nous étions pas trompés. Ce que l'on décore du nom de cortès n'est que la combinaison arbitraire d'un pouvoir sans base et sans droit pour essayer de se maintenir contre la révolution qu'il redoute et contre le véritable esprit de la fidèle nation espagnole. Pour arriver à composer cette monstruosité politique, il a fallu nier ce qui existe, mettre à néant les provinces, leur retirer les priviléges dont elles ont jusqu'à présent été en possession. Voilà en vérité un beau chef-d'œuvre de gouvernement, bien digne de prétendus hommes d'état stupides d'orgueil. Ils s'imaginent, ces insensés, qu'il leur suffit de dire : Je suis ministre, et au nom d'une femme qui se dit régente, je vais de ma toute-puissance désigner ceux qui pourront élire et ceux qui pourront être élus, comme s'il s'agissait d'un peuple formé d'hier, sans institutions, sans lois, sans organisation, que l'on pétrit à son gré comme une cire molle.

Ils avaient donc oublié, les insensés, ce que c'est que l'Espagne, et quel est ce peuple valeureux! Bonaparte est venu avec ses soldats, vainqueur de l'Italie, vainqueur au-delà du Rhin, vainqueur au bord du Nil, et il a cru soumettre la nation espagnole. Sa gloire, ses soldats, son trône, tout a péri pour avoir cru qu'il pourrait nous imposer un joug que le reste de l'Europe avait accepté.

Et maintenant nous sommes sous les armes, combattant contre nos ennemis que nous avons jusqu'à ce moment vaincus, malgré leur nombre. Saarsfield n'a-t-il pas été obligé de se retirer à notre approche? Valdès et Quésada ont-ils été plus heureux que lui?

Aujourd'hui on nous menace de Rodil.

Qu'est-ce donc que Rodil, et quelle victoire a-t-il remportée dans le Portugal, où il a pénétré pour porter secours à cet autre usurpateur don Pédro et à sa fille, comme si notre Péninsule devait être livrée à deux enfans? Sans le traité conclu par le gouvernement de France et le ministère anglais pour intervenir en Portugal, croit-on que don Miguel aurait été forcé de quitter son royaume par un Rodil?

Rodil peut venir, nous l'attendons. Cette fois, il n'aura pas une intervention anglo-française à son service. Les cours du Nord ont fait entendre leur puissante voix. Aucun soldat étranger ne franchira notre frontière ; et si Louis-Philippe osait venir de ce côté des Pyrénées, il faudrait qu'il se préparât à repousser les immenses armées prêtes à passer le Rhin.

Déjà l'attentat de Marie-Christine en envoyant Rodil en Portugal a reçu sa punition. Les ambassadeurs des trois puissances du Nord ont quitté l'Espagne, mais ce n'est pas assez pour nous que des assurances formelles de sympathie. Si dans la lutte que nous soutenons nous n'avons pas eu de plus grands succès, il faut l'attribuer au peu de ressources que nous ont laissées nos ennemis. Secourus par l'or étranger, ils ont pu gagner à prix d'or leurs soldats, que nous avons vus d'abord prêts à venir dans nos rangs; ils se font un argument auprès d'eux de notre dénûment et de l'aisance qu'ils leur procurent. Les bras que la guerre emploie dans les provinces que nous occupons manquent à l'agriculture. Nous n'avons pas assez d'armes pour en donner à ceux qui nous en demandent. Faute de ces moyens indispensables de résistance, la plus grande partie du royaume, opprimée par une poignée de soldats, est dans l'impossibilité de travailler à notre délivrance et de prendre part à l'action. Notre organisation présente encore des lacunes que les ressources que nous tendons à créer nous aideront à combler. Alors Charles V, aidé par les efforts d'un gouvernement régulier, pourra venir se placer à la tête des siens et reconquérir son royaume.

Nous dirons à tous ceux qui aiment leur patrie, comme nous aimons la nôtre, secourez-nous. A tous ceux qui détestent les révolutions, secourez-nous. Notre cause est belle, c'est la cause d'un grand peuple outragé, méconnu, calomnié, opprimé. Nous avons du courage et de la bonne volonté, il ne nous faut que des armes et des munitions. Notre désintéressement, notre sobriété sont connus; le monde sait que nous ne nous sommes condamnés à cette existence de privations et de fatigues, que par patriotisme, que pour obéir au cri de nos consciences. Notre seule récompense est dans l'espoir de la félicité publique; Espagnols et chrétiens, nous accomplirons jusqu'au bout ce glorieux devoir. Nous sommes nombreux, nous sommes forts, car nos ennemis fuient ou n'osent nous attaquer. Chaque rencontre est pour nous une victoire; ils redoublent d'efforts pour nous écraser, mais le peuple géant qui a résisté au plus grand génie militaire du siècle, saura, quoique divisé en lui-même, échapper aux atteintes du machiavélisme de ces nouveaux révolutionnaires qui ne feignent la modération que lorsqu'ils sont impuissans.

Nous savons positivement qu'une intervention française n'est pas à craindre, parce qu'une conflagration générale, dont Louis-Philippe n'a nulle envie de courir les chances, en serait la conséquence; que l'Europe monarchique intervienne en notre faveur comme elle intervient en faveur de Christine, par des secours pécuniaires; nous donnons notre honneur, nos biens et nos vies pour garans de la dette que nous allons contracter.

Notre cause est celle de la monarchie en Europe. Nous sollicitons que l'on prête à notre courage. C'est la cause de tous les gouvernemens légitimes, et celle des royalistes de tous les pays qui va se juger en Espagne. Tous ceux qui s'y intéressent doivent contribuer à la sauver.

La monarchie espagnole a toujours reconnu et payé ses dettes. La révolution espagnole ne les paiera jamais.

Ainsi, Dieu aidant, nous avons l'espoir que rien n'arrêtera notre marche, et que le roi Charles V pourra bientôt être reconnu par l'Europe entière, comme il est reconnu et proclamé par tous ses fidèles sujets.

APPENDICE.

L'atteinte portée aux droits de don Carlos par la révocation de la pragmatique de Philippe V, prononcée à Madrid par Ferdinand VII le 31 mai 1830, est aussi une atteinte portée aux traités d'Utrecht, et par conséquent une dérogation au système général de l'Europe. L'indépendance de l'Espagne se trouverait compromise par l'éventualité du mariage des princesses appelées à succéder aux termes de l'acte de Ferdinand VII, destructif de la loi fondamentale; et il importe à l'Europe au moins autant qu'à l'Espagne elle-même que cette belle monarchie conserve son indépendance.

La révocation de Ferdinand VII, appuyée sur une délibération secrète du règne de Charles IV, n'a aucun caractère et est d'une nullité radicale. La convocation de l'assemblée qui a eu lieu à Madrid ne lui a donné aucune force, puisque ce n'était pas des cortès *por estamentos* appelées à décider quel était l'héritier légitime avant de prêter serment, et qu'au contraire on a obligé les membres de l'assemblée en question à reconnaître dans leur serment l'acte qu'il s'agissait d'examiner.

En droit, tout ce qui s'est fait en Espagne en ce qui concerne le droit d'hérédité est nul de soi, radicalement nul.

Voici la protestation que Don Carlos fit publier dans cette circonstance importante :

« Mon très-cher Frère et Roi,

« Mon secrétaire Plazaola est venu me dire ce matin, à dix heures, que Cordova, ton ministre près de cette cour, désirait que je lui désignasse une heure pour me communiquer un ordre royal. Je lui répondis de suite qu'il pouvait venir à midi. S'étant présenté à une heure moins quelques minutes, je l'ai fait entrer immédiatement. Il m'a communiqué le dit ordre, et après en avoir pris connaissance, je lui ai répondu que ma dignité et mon caractère ne me permettaient que de répondre directement ; que tu étais non-seulement mon roi et mon maître, mais encore mon frère, un frère bien-aimé, et que j'ai eu le bonheur d'accompagner dans tous ses malheurs.

« Tu veux savoir si j'ai l'intention de jurer fidélité à ta fille, comme princesse des Asturies. Combien je désirerais pouvoir le faire ! Tu dois croire à la sincérité de ce que je te dis, car tu connais le fond de mon cœur. Oui, je m'estimerais heureux d'être le premier à jurer, et de ne pas te causer ce déplaisir et tous ceux qui seront la conséquence de mon refus ; mais ma conscience et mon honneur ne me le permettent pas ; mes droits à la couronne sont tellement sacrés, que je ne puis y renoncer ; droits que Dieu m'a donnés lorsqu'il m'a accordé l'existence, et que lui seul peut m'ôter en te donnant un enfant mâle, ce que je désire autant et peut-être plus que toi.

« Je défends, outre cela, la justice des droits de tous ceux qui viennent après moi. Je me vois donc obligé de t'envoyer la déclaration ci-jointe, que je fais avec la plus grande solennité à toi et à tous les souverains, auxquels j'espère que tu voudras bien en donner communication.

« Adieu, mon cher frère, sois bien convaincu que je serai toujours ton ami, et que je te recommanderai dans mes prières.

« Ton très-affectionné frère,

« CARLOS. »

29 avril 1833.

« Sire, moi, Charles-Marie-Isidore de Bourbon, infant d'Espagne, bien convaincu de la légitimité des droits que j'ai à la couronne d'Espagne, dans le cas où survivant à V. M. elle ne laissera pas d'enfant mâle, je dis que ma conscience et mon honneur ne me permettent pas de jurer ni de reconnaître d'autres droits. Telle est ma déclaration.

« CARLOS. »

Palais de Ramaillou (en Portugal), 29 avril 1833.

Réponse.

FERDINAND VII A DON CARLOS.

Mon très-cher et bien-aimé frère, j'ai reçu votre estimable lettre en date du 29 passé. Je suis toujours sensible à l'amour fraternel avec lequel vous m'êtes attaché, et j'espère que vous nourrissez les mêmes sentimens à mon égard à cause de l'affection que je vous porte; mais je suis roi et père, et je dois veiller sur mes droits et sur ceux de ma fille aussi bien qu'aux intérêts de ma couronne; je ne voudrais pas violenter votre conscience, et pourtant je désespère de parvenir à vous dissuader de la valeur de vos prétendus droits, que vous croyez ne pouvoir être changés que par la volonté de Dieu, bien qu'ils soient fondés sur des déterminations prises par des hommes. L'amour fraternel que j'ai toujours nourri pour vous me presse de vous épargner le déplaisir que vous éprouveriez dans un pays où vos droits supposés ne sont pas reconnus. En même temps, mes devoirs de roi m'obligent d'éloigner un infant dont les prétentions peuvent, pour des esprits malintentionnés, devenir un prétexte d'inquiétudes et de troubles.

Ainsi, comme vous ne pouvez pas revenir en Espagne par des raisons de la plus haute politique, en vertu des lois du royaume et de leurs dispositions particulières et spéciales, aussi bien que pour votre propre tranquillité que je désire autant que le bien-être de mon peuple, je vous permets et vous prie de faire un voyage avec votre famille dans les états pontificaux; faites-moi savoir où vous voulez diriger vos pas et le lieu où vous voulez fixer votre résidence: un de mes vaisseaux arrivera sous peu devant Lisbonne, il est préparé à vous recevoir à bord.

L'Espagne est indépendante de toute influence étrangère en tout ce qui touche son gouvernement intérieur; conséquemment, j'agirais contrairement à la souveraineté libre et complète de mon trône, et je transgresserais le principe de la non-intervention généralement adopté par les cabinets, si je faisais la communication que vous demandez de moi dans votre lettre.

Signé FERDINAND.

Madrid, 6 mai 1833.

LETTRE DE L'INFANT DON CARLOS A FERDINAND VII.

Mafra, 13 mai 1833.

Mon très-cher et bien-aimé frère, hier, à une heure de l'après-midi, je reçus votre lettre du 6 que Cordova m'a remise, et je me réjouis beaucoup d'y voir que rien n'était empiré dans l'état de votre santé, pour lequel je rendrai grâce à Dieu. Je vous remercie sincèrement de toutes les expressions d'attachement que vous m'adressez, et croyez que je sais apprécier comme je le dois tout ce qui part de votre cœur. Je suis également instruit du jugement qui me prescrit de ne point revenir en Espagne, jugement par suite duquel vous me donnez la permission de voyager avec ma famille dans les états pontificaux, en vous donnant avis du point où je voudrais me rendre et du lieu où je désire fixer ma résidence. Quant à la première demande, je me permettrai de vous faire observer que je me soumets avec plaisir à la volonté de Dieu qui ordonne que les choses soient ainsi. Quant à la seconde, je ne puis que vous dire qu'il me semble que c'est un sacrifice assez grand de ne pas retourner dans mon pays natal, sans y ajouter encore celui de ne pouvoir pas résider là où il conviendrait à ma tranquillité, à ma santé et à mes intérêts. Nous avons été reçus ici avec la plus grande considération et nous jouissons de la meilleure santé ; nous y pourrions demeurer avec agrément et sécurité, et vous pouvez être tranquille et vous persuader pleinement qu'ainsi que j'ai su remplir mes obligations dans des circonstances critiques lorsque j'étais dans le royaume, je saurai aussi les remplir en quelque lieu que je me trouve hors du royaume ; parce que, ayant toujours agi de manière à mériter l'approbation du ciel, les grâces de la divine Providence ne me manqueront pas.

Nonobstant toutes ces réflexions, je suis résolu d'accomplir vos désirs et de profiter de la faveur que vous m'accordez en m'envoyant un vaisseau de guerre qui est préparé pour me recevoir à bord ; mais j'ai préalablement à arranger mes affaires et à régler mes intérêts particuliers à Madrid. Je me vois en même temps obligé d'en appeler à votre bonté pour en obtenir quelques-uns des arrérages qui me sont dus. Je ne vous ai jamais rien demandé, et je ne le ferais pas même en ce moment si j'avais entrepris un voyage volontaire ; mais dans les circonstances présentes, il me serait impossible de faire un pas si vous ne m'accordiez pas ma demande.

Quant au dernier point dont il me reste à parler, c'est notre embarquement à Lisbonne. J'oserai vous le demander : irons-nous en ce lieu infect que nous avons récemment quitté pour échapper à l'épidémie qui y règne ? La grâce divine a voulu que nous n'ayons aucun malheur à déplorer ; mais y retourner, ce serait presque provoquer la colère de Dieu. Je suis persuadé que vous éprouveriez de vifs regrets en apprenant que sur un vaisseau infecté nous sommes tous devenus la proie de la mort. Adieu.

Signé CARLOS.

L'INFANT DON CARLOS A FERDINAND VII.

Ramalhao, 27 mai 1833.

Mon bien-aimé frère, je vais répliquer à tous les points sur lesquels vous m'écrivez. Vous dites que vous avez respecté ma conscience ; je vous en fais mes plus sincères remercîmens. Si je n'écoutais pas ma conscience, et si j'agissais contrairement à ses inspirations, je mériterais le reproche et je serais fondé à l'appréhender. Que vous ayez prononcé mon jugement, soit ; mais il est certain que vous vous chargez de tout le poids de la loi en me disant que ce qui arrive est la conséquence nécessaire de la position que j'ai prise. Quelle que soit cette position, c'est plutôt la divine Providence qui m'y a placé que moi-même. Vous dites que votre intention n'est pas d'accuser ma conduite passée ni de la craindre pour l'avenir : ma conscience non plus n'a rien à me reprocher pour mon passé ; quant au futur, quoique je ne puisse prévoir ce qui arrivera, j'ai néanmoins assez de confiance en moi-même pour sentir qu'elle me guidera aussi bien que par le passé, et je continuerai à en suivre les inspirations. De combien de choses néanmoins n'ai-je pas été accusé? Cependant Dieu, dans sa grâce infinie, ne m'a pas seulement retenu de faire le mal, mais encore tous les complots formés pour semer la discorde entre nous et nous diviser, sont tombés d'eux-mêmes en pièces et ont, en tombant, manifesté la fausseté des allégations portées contre moi. Un seul regret déchire mon sein, et le voici : je croyais que vous me connaissiez tout-à-fait, que vous étiez parfaitement tranquille et rassuré sur mes sentimens comme sur ma conduite ; je trouve maintenant tout le contraire, et voilà ce que je déplore profondément.

Quant aux proclamations, je n'ai pas publiquement exprimé ma désapprobation de ces actes parce que l'occasion ne s'en était pas présentée ; si je l'avais fait, je pense que j'aurais accordé aux auteurs de ces proclamations un honneur qu'ils ne méritaient pas. Ils sont vos ennemis aussi bien que les miens ; leur but était, comme je viens de le dire, de relâcher les liens d'amour et d'amitié qui nous ont unis depuis nos premières années. Relativement aux copies de ma lettre et de ma déclaration, qui ont circulé en grand nombre, je dois vous faire remarquer que je ne puis prévenir la publication de documens qui doivent passer dans tant de mains.

Cependant, je veux vous satisfaire et vous obéir en tout. Je partirai aussitôt que je le pourrai pour les états pontificaux; non pas à cause de la beauté, des délices et des attraits de ce pays, qui sont de peu de prix pour moi, mais parce que vous le désirez, vous qui êtes mon roi et mon maître, et auquel j'obéirai en tout ce qui est compatible avec ma conscience. Nous touchons à la Fête-Dieu, et je désire sanctifier ce jour à Mafra, si la chose est possible. Je ne puis concevoir votre étonnement de ma préférence pour le Portugal, lorsque ce climat nous a été si favorable à moi et à ma famille. D'ailleurs, si nous passons en ce moment par Lisbonne pour nous embarquer, nous pourrions, dans cet air pestilentiel, être saisis par la contagion. Maintenant, d'après votre permission de m'embarquer sur un autre point, j'espère voir Guruceta, qui jusqu'à présent ne s'est pas encore présenté à moi pour arranger mes affaires de concert avec lui. Je vous remercie pour les ordres que vous avez donnés relativement à l'équipage, et il est naturel de s'attendre à ce qu'ils auront été exécutés.

Cependant, le vaisseau s'imprègne de mauvais air en restant à Belem, où il est à l'ancre, et les personnes qui m'environnent à Mafra sont les mêmes qui, ici et en tout autre lieu, ont été ma suite ordinaire.

Je pense que j'ai répondu à tous les points en question et qui me concernent. Adieu.

Signé CARLOS.

L'INFANT DON CARLOS AU ROI FERDINAND VII.

Coëmbre, 9 juillet 1833.

Mon très-cher frère, Ferdinand de mon cœur, j'ai reçu votre lettre du 30 passé, et son contenu m'a causé un regret que vous pouvez facilement imaginer. Il est inutile d'alléguer des raisons lorsque je n'en ai pas d'autres que celles que j'ai déjà expliquées, lesquelles, dans mon opinion, sont simples, solides et vraies; mais elles ont été négligées et non suffisamment appréciées. Vous me dites à présent que je résiste à vos ordres, que je m'oppose à vos commandemens, au scandale de votre peuple; que d'impuissans efforts pour troubler la tranquillité de votre royaume ne doivent pas émaner plus long-temps de ce pays, et que vous serez contraint d'agir en souverain, à moins que j'obéisse à l'instant, conformément aux lois, sans autre considération que celle due à votre couronne et à votre peuple, vos convictions fraternelles n'y entrant pour rien.

Voilà des inculpations que je ne mérite pas. Moi, votre fidèle sujet, votre tendre, délicat et affectionné frère, toujours constant, je ne vous ai jamais désobéi, et bien moins encore je me suis montré infidèle. Je vous en ai donné des preuves répétées durant tout le cours de ma vie, et particulièrement durant la dernière période d'épreuves, lorsque, en me soumettant à mon devoir, je rendis les services les plus signalés à votre personne. Il me semble que j'agis maintenant avec droiture, et c'est à cause de cela que j'abhorre l'obscurité et les ténèbres. Si je suis désobéissant, si je résiste, si je me conduis scandaleusement et si je mérite une punition, je consens qu'on me l'inflige; mais si je ne la mérite pas, je réclame pleine et publique satisfaction; c'est pourquoi je vous demande de me juger suivant les lois, et de ne pas me fouler aux pieds. Si toute ma conduite dans cette affaire est examinée, on ne me trouvera coupable d'aucun autre crime que celui d'avoir déclaré péremptoirement que, convaincu du droit que je possède d'hériter de la couronne si je vous survis, et que vous ne laissiez pas de descendance mâle, ni ma conscience ni mon honneur ne me permettront de reconnaître où de prêter serment à aucun autre droit. Je ne désire pas vous arracher la couronne, et bien moins encore mettre en pratique des moyens qui sont réprouvés de Dieu.

Je vous ai dit déjà ce que je dois faire suivant ma conscience, mais mes paroles ont été couvertes du plus grand mystère. Je vous ai demandé que vous communiquiez ma déclaration aux cours étrangères, et du moment que vous avez jugé cela inconvenant pour votre personne, je me suis vu forcé de transmettre à tous les souverains, sous la date du 25 mai, une copie de ma déclaration avec une simple lettre de transmission pour les en informer, de la même manière que j'ai envoyé d'autres copies et lettres aux évêques, aux grands et aux députés, aux présidens et vice-présidens des conseils, afin qu'ils connaissent à fond mes sentimens. Ces communications ont toutes été soustraites. Voilà les moyens dont je me suis servi pour ma propre défense; je n'en ai point employé d'autres. Voilà les mesures que je voulais mettre en exécution; mais elles furent paralysées dans leurs effets. Qu'on m'accuse de tout ce que l'on voudra, mais qu'on fournisse les preuves de ces accusations. Que l'on dise une fois pour toutes que c'est là mon crime, et qu'il n'est pas d'avoir resté ici plus ou moins long-temps. Mes raisons pour prolonger mon séjour existent encore, et d'ailleurs elles ne sont pas appuyées sur des prétextes, mais bien sur un motif réel et sur des faits positifs (l'existence du choléra).

Il est vrai que l'argent qui m'est dû est antérieur à l'année 1826, mais par une assurance spéciale vous l'avez excepté de la règle générale, et vous avez ordonné de faire un paiement de 100,000 réales par mois, jusqu'à ce que toute la somme soit payée. Ainsi, je ne demande qu'une avance, et j'espère que vous me l'accorderez. Adieu.

Signé CARLOS.

L'INFANT DON CARLOS AU ROI FERDINAND VII.

Coëmbre, 21 juillet 1833.

Mon très-cher frère, j'ai déjà éprouvé la mortification d'être privé de vos lettres, comme vous me l'annonçâtes dans votre dernière du 30 passé; mais moi, qui ne devrais traiter de mes affaires que directement avec vous, comme je vous l'ai mandé dans ma lettre du 29 avril, je prends la plume pour répondre à la question que Campurano m'a faite hier par vos ordres, me montrant la dépêche de Zéa à Cordova, que je devais lui dire si je voulais m'embarquer ou non.

A cela je réponds que mon départ, dans les circonstances présentes, serait très-inconvenant pour moi, par les raisons que j'ai données dans ma précédente lettre. J'insiste par conséquent sur le vœu formé par moi que toute ma conduite soit examinée : si je suis coupable, je dois être puni ; mais si je n'ai pas conspiré contre le trône, contre votre personne et contre les lois de notre Espagne, comme ma conscience me dit ne l'avoir jamais fait, je demande qu'on le déclare, afin qu'en aucun temps on ne puisse dire que j'ai quitté le royaume comme un criminel qui, par la fuite, se soustrait à la rigueur de votre justice.

Je suis le même frère et le même pour vous que j'étais dans notre enfance, à Valançay et à Cadix, et qui vous aimera toujours de cœur.

Signé CARLOS.

Liste des personnes auxquelles, par ordre de S. A. Sérénissime l'infant don Carlos, a été transmise une copie de sa protestation, laquelle, sous la date du 23 avril, il a adressée à S. M. très-catholique le roi Ferdinand VII; lesquelles copies ont été signées de la main propre du dit infant.

Les archevêques de Tolède, Grenade et Mexico.

Les évêques de Valladolid, Badajos, Lugo, Oviedo, Coria, Cadix, Jaen, Siguenza, Pamplona, Auxiliar de Madrid, Electo de Calhaorra, Barbastro, Albarraein, Solsona, Tortosa, Gerona, Orihuela, et Daxaca.

Le président du conseil d'état, le président du conseil royal de Castille, le président du conseil de guerre, le gouverneur du conseil des Indes, le gouverneur du conseil des finances, le vice-président du conseil des commandemens, le duc de Medina Celi, comme chargé de recevoir le serment des grands; le comte de Cervellon, et les députés des trente-sept villes du royaume et des provinces : Burgos, Avila, Soria, Ségovie, Léon, Zamora, Toro, Palenzia, Salamanca, Valladolid, Guadalaxara, Madrid, Cuença, Tolède, Merida, Truxillo, Grenada, Sevilla, Jaen, Galicia, Murcia, Zaragoza, Braga, Calatayud, Tavazona, Jaca, Ternel, Borja, Palma de Maltorea, Valencia, Peniscola, Barcelona, Cervera, Tortosa, Lérida, Gerona de Tarragona.

(Extrait de l'ouvrage anglais intitulé *l'Espagne* ou *quel est le légitime héritier?*)

Absorbé dans ses afflictions et ruiné par des expériences révolutionnaires, le peuple espagnol attendait son salut de l'infant D. Carlos. Il révérait ses vertus et admirait la droiture de sa conduite. Les Espagnols l'ont vu inébranlable au milieu des troubles dans lesquels leur malheureux pays était plongé depuis quelques années, et ils savaient en outre que beaucoup de calamités auraient pu être évitées si ses avis avaient prévalu; jamais l'Espagne n'entrevit une perspective plus flatteuse; jamais elle n'eut un plus beau jour que celui où les deux frères se tenant par la main arrivèrent à Madrid, et où Ferdinand VII fut proclamé. Les yeux de tous étaient fixés sur eux, et les assurances données par eux à la nation dans cette occasion promettaient un brillant avenir, beaucoup moins éventuel et beaucoup plus large que tous les plans de réforme essayés depuis, par cette simple raison qu'elles étaient justes, constitutionnelles et conformes aux circonstances; ces assurances étaient en outre adaptées au génie, aux besoins et aux désirs de toute la nation; elles comprenaient tous les besoins du peuple espagnol, et si elles eussent été réalisées, ceux qui devaient en jouir eussent certainement préféré attendre du temps ce qui devait les compléter, plutôt que de courir les hasards d'une périlleuse expérimentation.

La non-réalisation de ces promesses ne saurait être reprochée à D. Carlos ; ce prince fut la première victime de l'invasion française, aussi bien que de l'aveuglement de son frère, mais toujours sa pensée a été invariable et ses actes ont été conformes à ses résolutions primitives ; aucun homme n'a ressenti plus vivement les malheurs de sa patrie ; aucun homme ne connut mieux le génie du peuple espagnol ; nul n'apprécia mieux que lui la valeur de la constitution du royaume d'Espagne. Au mois de mars 1820, lorsqu'il fut question de faire revivre les institutions nationales, il n'hésita pas à avouer ses sentimens sur la situation du pays, et déclara qu'il était prêt à concourir immédiatement à tout plan de réforme raisonnable (*voir* la proclamation de D. Carlos, commandant en chef de l'armée, datée du 14 mars 1820). Mais il se retira des affaires sitôt qu'il eut pu se convaincre qu'au lieu de faire revivre l'ancienne constitution on voulait seulement, par la révolution de Léon, ramener le règne de l'anarchie, en reproduisant le système des théoriciens de Cadix. Ce prince, dans les quatorze dernières années écoulées, ne prit aucune part aux affaires publiques, et se livra tout entier aux douceurs de la vie privée, aux épanchemens de la famille, au milieu d'une femme et d'enfans bien-aimés, et donnant ses soins à l'éducation de sa brillante postérité, postérité masculine, la Providence n'ayant accordé au prince que des fils (Charles-Louis, né le 31 janvier 1818, Charles-Jean, né le 15 mai 1822, et Ferdinand, né le 13 octobre 1824). Le caractère public et privé de D. Carlos est irréprochable, ses compatriotes connaissent ses principes, et il est par conséquent du plus grand intérêt pour le souverain de la Grande-Bretagne aussi bien que pour ses ministres, d'examiner s'il vaut mieux contracter alliance avec lui, et par lui avec la grande majorité de la nation espagnole, le droit incontestable au trône étant de son côté, ou si cette alliance est préférable contractée avec des libéraux inquiets et turbulens, à la tête desquels se trouve une femme étrangère qui a usurpé le sceptre, et qui en outre a abusé du pouvoir qu'un mari trop confiant avait remis en ses mains. Quelque embarrassées que fussent les affaires d'Espagne, on a pu voir en mainte occasion que des mesures conciliatrices auraient fait un grand bien et eussent prévenu les horreurs de la guerre civile, si elles eussent été appliquées à temps, tandis que d'un autre côté il est évident que la violence et l'obstination ne font qu'augmenter le mal et rendre le remède plus difficile.

Si le gouvernement veut agir efficacement dans l'intérêt de la Péninsule, il n'y a pas de temps à perdre. La bannière de la discorde est déployée, les élémens brûlans de la destruction couvrent tout le pays, parallèlement à l'intensité de la guerre que l'état actuel des choses entretient contre les carlistes, les exigences de leurs ennemis s'accroissent, et l'audace de ces derniers s'accroît aussi dans des proportions semblables dans leurs attaques contre les institutions monarchiques. Depuis la coalition de la reine Christine avec les libéraux, son autorité n'a acquis aucune force morale ; elle est complètement entraînée par les gouverneurs généraux des provinces, ceux-ci à leur tour obéissent à l'impulsion que leur donnent les clubs. Si jamais les chefs militaires acquéraient dans l'armée une prépondérance un peu plus qu'ordinaire, en se conciliant l'affection des soldats, ils pourraient, organes de ces derniers, dicter à la reine des conditions semblables à celles qui furent imposées à Ferdinand VII en 1820.

La reine ne peut proposer aucune mesure acceptable au corps de la nation ; quel qu'ait été l'effet produit dans un rayon assez étendu autour de la capitale, ou quelque espérance flatteuse qu'ait fait naître à l'extérieur *le statuto réal*, comme mesure publique, il a complètement échoué. L'Espagnol loyal et ferme ne se laisse pas facilement abuser. Pour les esprits méditatifs, le statut royal est empreint de défiance ; pour les autres qui l'ont durant long-temps vainement attendu, il leur semble avoir été arraché par la force, et non donné volontairement; la grande majorité le trouve empreint de jacobinisme, abstrait et anti-national, et le considère comme la première rupture d'une digue qui ne laisse aujourd'hui échapper qu'un maigre filet d'eau, mais qui doit inévitablement s'agrandir, et plus tard donner passage au torrent dévastateur des innovations dangereuses, qui doit emporter dans sa course tout ce qui a été révéré dans la monarchie.

Une série de mensonges trop impudens pour être oubliés, et trop calamiteux pour être pardonnés, ont jeté l'alarme au sein du peuple espagnol. Aussi long-temps que la fraude et la violence continueront d'être le caractère principal de la politique des christinos, les Espagnols désespèreront du bonheur permanent et de la véritable liberté sous la domination de ce parti, qui n'a d'autre appui que celui de la multitude.

Les classes privilégiées et méditatives ont pris l'alarme, non-seulement à cause de la tentative audacieuse de la destruction d'un statut fondamental créé manifestement pour le bien public, mais encore à propos de la rage frénétique pour le pillage et la destruction qui a marqué la courte carrière des libéraux portugais à Lisbonne. Là, les Espagnols voient ces réformes protégées par les baïonnettes étrangères; elles ont été faites avec rapidité, violence et succès, de sorte que dans peu de mois un changement complet a eu lieu dans les lois, la propriété, et même dans les mœurs des habitans, quoique l'introduction d'un nouveau système ait eu lieu par le mandat de celui qui s'est lui-même revêtu du pouvoir, et qui n'est guidé que par des conseillers rapaces et niveleurs.

Ce qui se passe à Lisbonne est un avertissement additionnel aux Espagnols contre des innovations rapides et intempestives, et la confusion qui règne là devrait, on le croirait du moins, détourner les nations étrangères d'intervenir dans les querelles des partis. Les Portugais possèdent une constitution nationale qui est la même au fond que celle des Espagnols, et dont la forme est, s'il est possible, encore plus claire et mieux définie, sa base est plus moderne et moins complexe, ayant été établie par le fondateur de la monarchie ; mais lorsqu'en juillet 1828 ils régénérèrent leur ancienne constitution, dans le but spécial de rétablir l'ordre de successibilité, nous nous rîmes de leurs efforts, et nous méprisâmes cette détermination prise de la manière la plus solennelle, et depuis acceptée par le peuple, qui déclara, comme notre parlement le fit à l'égard de Charles II, que la couronne appartenait de droit et indubitablement au roi et à ses héritiers et successeurs légitimes. Cette résolution, qu'on pourrait appeler un jugement, confirma l'exclusion de D. Pédro, et cependant nous préférons une constitution *bâclée* dans le Nouveau-Monde, accompagnée des grâces du libéralisme et de l'importation d'aventuriers besoigneux.

Lorsque Ferdinand VII fut pris par les Français, il put, malgré leur surveillance, envoyer en Espagne une protestation contre les violences de Baïonne ; il y joignait des lettres par lesquelles il ordonnait au conseil de Castille de rassembler les cortès, dans le cas où la régence ne l'aurait pas déjà fait. Ce prince, en se conduisant ainsi, n'avait pas d'autre but que celui de satisfaire aux besoins de la nation (1) ; mais Ferdinand était alors loin de penser que les cortès pourraient en venir à le dépouiller de ses droits, dignités et priviléges, dans le progrès de leurs travaux patriotiques, droits et priviléges dont ses ancêtres avaient joui jusqu'alors sans conteste ; il était loin de penser que les cortès iraient jusqu'à établir une nouvelle constitution, copiée, ainsi que l'observe Lempère, presque entièrement sur celle française de 1791, mais encore plus démocratique. Ce qui se passe maintenant à Madrid et à Lisbonne est également révolutionnaire, et cependant on appelle cela *restaurer les anciens principes de la monarchie.* La constitution de Cadix de 1812 fut adoptée par les révolutionnaires d'Oporto en 1820, et c'est un fait singulier que quelques-uns

(1) La personne chargée de ces lettres et de cette protestation était Ibarnabarro, fiscal du conseil de Navarre.

des principaux promoteurs de cette constitution figurent aujourd'hui dans les conseils de la reine d'Espagne, et plusieurs de ceux qui furent les introducteurs de cette constitution en Portugal se trouvent maintenant à la tête du conseil de don Pédro.

Nonobstant ces absurdités, les cabinets anglais et français n'ont pas cessé un instant de s'immiscer dans les affaires de la Péninsule, bien qu'il n'ait jamais été douteux de savoir laquelle de ces deux puissances l'emporterait, si les projets des pédristes et des christinos réussissent. Au Palais-Royal, l'expédition des Açores excita le plus vif intérêt, et les moyens *secrets* employés par le roi des Français pour le succès de cette expédition, sont exactement de même nature que ceux qu'employa Junot à Lisbonne; le désir de s'agrandir est aujourd'hui aussi violent chez les Français qu'il le fut sous Napoléon. En étendant et en consolidant son influence sur les pays ses voisins, la France espère gagner des avantages commerciaux, et par ce moyen, réparer la perte de ses colonies. C'est ce qui explique l'attention qu'elle donne à la plage méditerranéenne de l'Afrique, et l'incorporation éventuelle de la Belgique ayant été assurée, on a tourné ses regards vers la Péninsule transpyrénéenne, comme offrant de grandes chances de succès. Nous avons déjà parlé des vues particulières de la famille d'Orléans sur l'Espagne, entremêlées comme elles le sont d'anciens droits et de mauvais-vouloir héréditaires; en considérant la soif caractéristique et artificieuse de domination extra-nationale, si remarquable, des descendans de ce d'Orléans qui était régent de France pendant la démence de Charles VI, de celui qui se distingua par ses intrigues en Catalogne, dans le temps de Philippe V et de l'ÉGALITÉ de France, il était naturel de penser que lorsqu'il serait placé sur l'antique trône des Bourbons, il ferait tous ses efforts pour placer les branches de sa maison sur des trônes autour de lui.

Nous avons aidé et encouragé don Pédro, nous sommes par conséquent solidaires des actes de ses agens effectués à son profit; nous avons permis la violation de nos lois municipales, et le traitement que les sujets britanniques ont essuyé de sa part sera une éternelle condamnation de la légèreté avec laquelle ils furent remis à ses soins et à sa générosité. Nous avons permis six fois aux Espagnols de violer le territoire portugais, dont trois ont eu pour but avoué l'assassinat de l'héritier légitime d'un trône, et le public apprend même qu'une alliance offensive et défensive a été conclue, dans laquelle la France et l'Angleterre figurent comme parties contractantes *pour la pacification de la Péninsule,* basée sur la retraite forcée des compétiteurs mâles, et par laquelle les femmes auraient la libre possession des deux couronnes en litige. On concevra facilement qu'il importait beaucoup à Louis-Philippe de voir se réaliser un pareil projet; mais comment le gouvernement anglais a pu se joindre à une pareille conception, encourager une attaque aussi flagrante à la souveraineté des deux royaumes, c'est un problème difficile à résoudre; car il est évident que si le règlement des droits de don Carlos ou de don Miguel eût été abandonné aux lois ou aux vœux des habitans des deux pays, toute contestation eût été bientôt terminée. Véritablement, nous semblons déterminés à ruiner notre crédit et sacrifier nos intérêts commerciaux dans la Péninsule; tout ce que nous y avons fait pendant les deux dernières années tendait à ce but, nulle démonstration du peuple n'a pu nous arrêter dans notre folle entreprise. L'expérience nous apprend que le sentiment d'hostilité contre don Pédro, loin de diminuer, augmente journellement par suite de ses actes. Depuis ses spoliations et son ingratitude manifeste, beaucoup de ses anciens *patrons* ont pris l'alarme; il est cependant placé à la tête de la révolution portugaise, et l'on aurait pu croire qu'un sentiment d'honneur et de pudeur politique devait avertir le gouvernement anglais de la nécessité de veiller à ce que les mêmes vues désorganisatrices n'envahissent pas l'Espagne.

Non-seulement nous imposons aux Espagnols et aux Portugais des souverains, mais encore nous leur dictons la forme de gouvernement qu'ils doivent adopter. Ne serait-il pas préférable d'effacer ces deux pays de la carte générale que de les voir ainsi dégradés et opprimés? Le droit européen, par qui les droits et les obligations de tous les états de cette partie du monde sont définis et sanctionnés, n'admet pas un principe d'intervention de cette espèce. Le transfert de la souveraineté, soit de l'Espagne soit du Portugal, à certaines personnes enchaînées ou protégées par la France et l'Angleterre, est une monstruosité sans exemple ; si cette œuvre est consommée, l'indépendance et l'intégrité de l'Espagne et du Portugal n'existent plus ; l'existence même de ces états doit nécessairement cesser.

Les Français jadis déclarèrent qu'ils ne traiteraient pas avec nous *aussi long-temps que la monarchie existerait en Angleterre*, et l'on se souvient très-bien avec quelle indignation cette menace fut accueillie ; elle fut considérée comme l'imposition violente d'une loi tyrannique, comme une usurpation de pouvoir que notre orgueil national et nos intérêts nous prescrivaient de repousser. A cette époque, nul de nous ne songea à proposer l'adoption de conditions aussi ignominieuses pour son pays, il y eut chez nous un sentiment spontané et universel d'horreur et de dégoût ; et cependant nous disons aujourd'hui aux nations portugaise et espagnole, *vous n'aurez point d'autres souverains que ceux que nous approuvons ;* nous allons même plus loin, et nous leur déclarons actuellement que s'ils résistent à nos ordres, nous sommes prêts à faire avancer nos flottes et désoler leurs côtes.

Grand Dieu ! C'est donc ainsi que les ministres du gouvernement britannique parlent à nos plus anciens, nos plus fidèles et nos meilleurs alliés ; à ceux qui naguères combattaient à nos côtés pour la liberté de l'Europe ! Les Espagnols et les Portugais n'achèteraient pas la paix par leur soumission à ce dernier terme de l'humiliation, non moins injurieux à l'honneur de leur pays que fatal à sa prospérité. Les efforts véritablement nationaux et patriotiques faits par les deux peuples pour résister aux ordres des étrangers donnent l'assurance consolante qu'ils ne faibliront pas dans leur résistance future. Don Pédro est prêt à s'emparer des droits de sa fille ; et, quelqu'innocent que soit un enfant de quatre ans, il est cependant plus que probable que l'accumulation des haines héréditaires agissant avec force contre *notre princesse favorite*, rendrait malheureuse son admission au trône fondé par Philippe V ; si elle devait cette admission aux baïonnettes françaises ou aux flottes anglaises, ce malheur serait encore beaucoup plus grand.

Nous sommes déjà trop et trop long-temps intervenus dans les affaires de la Péninsule. La postérité examinera nos motifs et jugera nos actions ; nous ne pouvons à la fois insulter et flatter la même nation sans porter la peine de notre folie. Nous pouvons acquérir une popularité momentanée auprès d'un parti, par des sacrifices qui, dans un autre temps, nous eussent fait rougir de honte ; mais si nous laissions violer le territoire portugais dans le but de saisir et d'assassiner, sans qu'il soit entendu, un homme innocent, nous devons renoncer à trouver encore des amis dans la Péninsule.

Le Portugal en ce moment saigne par tous les pores, et cependant les Portugais ne sont pas anéantis. Les Espagnols sauront bien, comme ils l'ont déjà prouvé, venger les dommages faits à leur prince national ; ils feront pour lui les sacrifices qu'ils ont faits pour Philippe V, parce qu'ils le considèrent non-seulement comme le légitime héritier du trône, mais encore comme né et expressément réservé par la Providence pour guérir les maux de leur patrie affligée, de même que sa progéniture est réservée pour la régénération et la gloire de l'Espagne.

BULLETIN DE L'ARMÉE DU NORD.

« Espagnols, vive Charles V ! L'armée du roi N. S., forte de l'assistance divine, vient d'en venir aux mains avec les rebelles dans une sanglante mais glorieuse action. Hier matin, la *reìna usurpadora* a perdu plus de neuf cents hommes. Depuis treize jours environ, Quésada courait de Basta à Tolosa, et de Tolosa à Vittoria, et je ne pouvais croire que ce rebelle eût l'intention de pénétrer en Navarre, à moins qu'il ne se mît en communication avec les deux colonnes ennemies commandées par Villacampo et Limarès, que je tenais renfermés dans la place de Pampelune. Mais tout-à-coup j'appris que Quésada était entré, le 17, à Salvatierra. Je partis aussitôt d'Escharri, le 18 à une heure du matin, à la tête de cinq bataillons navarrais, deux d'Alava aux ordres du chef de brigade Bruno Villaréal, et d'un bataillon du Guipuscoa commandé par son valeureux chef don Bernard Gluriaga. C'est avec ces forces que j'allai prendre position à une demi-lieue de Pampelune......... Comme l'ennemi, j'ignore par quel motif, ne se pressait pas de nous attaquer dans notre position de Gulina, j'ordonnai à nos tirailleurs de le harceler vivement ; c'est ce que fit avec un grand courage et un rare bonheur la 1re compagnie des guides unie à la 3me, toute composée de cent grenadiers de la garde royale, accourus dans nos rangs après l'action d'Alsasua.

Bientôt après un bataillon de Guipuscoa força les guérillas ennemis à se replier sur un gros de carabiniers. En attendant, la colonne opéra sa retraite en désordre, jusqu'à ce qu'elle se vît appuyée par quatre cents hommes placés sur une hauteur voisine. De ce poste avantageux, ils nous lancèrent plusieurs grenades, et se disposaient à redoubler le feu, lorsque nos troupes d'élite s'élancèrent sur eux à la baïonnette, leur enlevèrent cette position, et les forcèrent à précipiter la pièce d'artillerie dans un ravin, après l'avoir enclouée.

Les rebelles prirent alors une nouvelle position qui dominait la première, et abandonnant totalement la gauche, ils formèrent sur les hauteurs d'Ochovi une ligne de bataille triangulaire forte de trois mille hommes d'infanterie. Cette position est une des plus fortes qu'offre le pays, et de plus l'ennemi allait combattre avec la certitude d'être secouru par plus de cinq mille hommes que Quésada lui amenait. D'un autre côté, il était assuré d'une ruine complète s'il abandonnait sa position; on peut juger par là des efforts qu'il a dû faire pour la conserver. A notre approche, et par ses trois fronts, l'infanterie fit une décharge épouvantable sur nos troupes; mais nos soldats ripostèrent avec enthousiasme... La droite seule du monticule était accessible, aussi c'est là que les bataillons d'Alava, n°s 1 et 2, combattirent avec le plus d'ardeur. Ils étaient dignement soutenus par l'exemple de mon digne collègue et commandant don Francisco Benito Eraso, et du commandant de la première brigade don Francisco Ituralde. Durant cinq quarts d'heure le terrain fut disputé pied à pied, le nombre de morts et de blessés restés sur le champ de bataille peut seul donner une idée de l'acharnement du combat. Il était dix heures du matin, et Quésada accourait à marche forcée d'Alsasua; je fis alors replier nos troupes sur le chemin royal.

Si la terrible action d'Asarta fut une rude leçon donnée aux troupes de la *reina usurpadora*, le combat de Gulina leur rappellera long-temps les pertes immenses qu'elles viennent de faire; deux cent cinquante morts et plus de six cents blessés, voilà la perte de l'ennemi dans la journée d'hier! Et la population entière de Pampelune peut certifier l'exactitude de ce chiffre. Pour nous, nous avons à déplorer la perte de vingt-deux soldats morts sur le champ de bataille, quatre-vingt-trois autres ont été blessés. Le capitaine don Jose Maria Irigoyen a été blessé mortellement à la tête du 3e bataillon; et le commandant en premier du 4e bataillon, don Francisco Garcia, l'a été d'une manière moins grave.

Durant le combat, j'ai toujours eu à mes côtés l'aide-de-camp commandant-général don Francisco Eraso. Enfin, chefs et soldats, tous ont fait leur devoir au milieu d'une grêle de balles qui tombaient dans toutes les directions. Divers effets d'équipement, des munitions de guerre et de bouche sont tombés en notre pouvoir: Nous avons emmené aussi bon nombre de prisonniers.

Dieu garde vos excellences, etc.

Quartier-général de Buenza, le 19 juin 1834,

THOMAS ZUMALACARREGUY.

Discours adressé par le général en chef de l'armée de Navarre, don Thomas Zumalacarreguy, à ses troupes, après la glorieuse bataille livrée le 18 juin aux troupes de l'usurpatrice, dans les plaines de Gulina.

Guerriers !

Votre mémoire et ma reconnaissance pour votre valeur, qui n'a jamais été bien appréciée, seront éternelles; Vous venez de montrer de nouveau à l'Europe, au monde entier, ce que vous êtes, des modèles de constance et de bravoure, sans crainte dans le combat, endurcis à la fatigue, et la terreur de ces êtres dénaturés qui depuis neuf mois mettent toute leur gloire à vous dépeindre comme des lâches et des fuyards, et comme des gens qui n'ont aucune valeur. Imposteurs ! c'est ainsi que vous éblouissez l'homme imprudent, que vous trompez l'homme inexpérimenté, que vous excitez les gens trompés, que vous soutenez votre parti éphémère et trompez votre propre gouvernement ! Mais que peuvent toutes vos supercheries, tout votre langage raffiné, contre des faits qui sont palpables. Oui, Quésada, le rebelle Quésada pénètre dans la vallée de Barbaz ; à la première nouvelle de votre arrivée il prend la fuite, et il abandonne même la Navarre. Il s'enferme à Tolosa, court précipitamment à Vittoria, passe à Salvatierra, marche sur Pampelune. Mais non, il se rappelle la journée du 22 avril; il sait ce qu'est le Borunda, il voit jusqu'à Bacaicoa des ennemis qui lui en imposent, il sait que toute sa colonne, quelque forte qu'elle soit, ne lui suffira point pour achever sa fuite honteuse de trente-cinq lieues ; il se persuade qu'il est nécessaire que les deux colonnes de Villacampo et de Linarès, qui s'étaient réfugiées à Pampelune d'où elles devaient sortir pour le recevoir et protéger, et le mettre en sûreté avec toutes ses troupes, doivent protéger son mouvement. Volontaires, ce projet ne peut être caché à votre général ; quittant Ecchari, Aranaz et les bourgs environnans, il vous a conduits dans les plaines de Aizcorbe et de Gulina pour battre ceux qui oseraient vous résister et tenteraient d'opérer leur jonction avec les troupes de leur chef Quésada. Une fois les positions prises, n'avez-vous pas vu l'ennemi tantôt s'avancer d'un pas tremblant, tantôt se retirer, évitant toujours de tomber dans nos mains. N'avez-vous pas été témoins de ce qui s'est passé jusqu'au moment où, à un signal donné par ma voix, vous fîtes feu et mîtes en désordre les guérillas de l'ennemi, qui perdirent deux fortes positions et abandonnèrent six canons ? Mais un bulletin détaché mettra en lumière cet événement mémorable. En attendant, dignes chefs de l'armée, braves officiers, volontaires valeureux, mon cœur bat avec satisfaction ; il voudrait partager sa joie avec vous, il ne peut plus la contenir. Oui, je suis flatté au-dessus de toute expression d'avoir été le chef qui vous a conduit au champ d'honneur à la vue de notre capitale. Jusqu'à présent, toutes les fois que nous en sommes venus aux mains avec les ennemis de la légitimité, nous avons été victorieux. Aujourd'hui, plus que jamais, vous vous êtes couverts de gloire, et vos ennemis sont en proie à la terreur et à la confusion. Le 18 juin 1834 effacera toutes les journées qui l'ont précédé dans notre lutte contre l'usurpation. Ce ne sera point le dernier, je l'espère. Le Dieu des armées nous protége, parce qu'il protége sa cause, et s'il y a des incrédules qui ne le croient point, qu'ils sachent que le jour n'est pas loin où ils seront désabusés. Plaines de l'Arasate et d'Aizcorbe, collines d'Ochari et de Gulina, vos noms seront immortels. L'Europe s'étonnera ; les puissantes nations du nord, en apprenant ce qui s'est passé, persisteront de plus en plus dans leur plan, si favorable à notre juste cause et si contraire à nos ennemis. Continuez, braves soldats, marchez toujours dans le chemin de la victoire; votre nom seul trouble l'ennemi. Votre ardeur est sans égale, et votre désir de mettre sur le trône notre souverain légitime et adoré recevra bientôt le prix qui lui est dû ; et aussitôt que je connaîtrai les exploits de chacun de vous dans cette glorieuse journée, vous obtiendrez de votre souverain les récompenses que vous avez méritées. La plus grande difficulté pour moi sera de faire une différence entre vos exploits, parce que vous avez tous déployé la plus grande valeur, et fait preuve du plus grand dévoûment pour le service du roi notre maître, aux armes duquel vous avez voulu donner un nouveau lustre, armes que vous n'abandonnerez point, armes qui, placées dans vos mains vigoureuses, donneront un nouvel éclat à notre chère patrie, des jours de gloire à la postérité, de douleur aux révolutionnaires, et de nouveaux trophées à vos familles. Conservez cette confiance, entretenez dans vos cœurs ce feu dévorant qui, descendant du ciel et alimentés par des résultats si glorieux, couronnent vos fronts de lauriers impérissables, et conduisent en triomphe au trône royal don Carlos V de Bourbon, qui participera aussi à vos exploits, à vos travaux et à votre gloire.

Votre général en chef,

Thomas ZUMALACARREGUY.

www.ingramcontent.com/pod-product-compliance
Lightning Source LLC
Chambersburg PA
CBHW061012050426
42453CB00009B/1397